EMPFOHLENES BUCH:

*Wer bist du wirklich?*
*Ein Guide zu den 16 Persönlichkeitstypen*
*ID16™©*

Jarosław Jankowski

Wieso sind wir so verschieden? Wieso nehmen wir auf unterschiedliche Art Informationen auf, entspannen anders, treffen anders Entscheidungen oder organisieren auf verschiedene Weiseunser Leben?

„Wer bist du wirklich?" erlaubt es Ihnen, sich selbst und andere Menschen besser zu verstehen. Der im Buch enthaltene Test ID16 hilft Ihnen dabei, Ihren Persönlichkeitstyp festzustellen.

Ihr Persönlichkeitstyp:
# Animateur
## (ESTP)

Ihr Persönlichkeitstyp:

# Animateur
(ESTP)

*Serie ID16$^{TM©}$*

JAROSŁAW JANKOWSKI

LOGOS MEDIA

## Ihr Persönlichkeitstyp: Animateur (ESTP)

Diese Veröffentlichung hilft Ihnen, Ihr Potenzial besser zu nutzen, gesunde Beziehungen zu anderen Menschen aufzubauen und richtige Entscheidungen auf Ihrem Bildungs- und Berufsweg zu treffen. Sie sollte aber keineswegs als Ersatz für eine fachliche psychologische oder psychiatrische Beratung angesehen werden.

Der Autor sowie der Herausgeber übernehmen keine Haftung für eventuelle Schäden, die aufgrund der Nutzung dieser Publikation entstanden sind.

ID16™© ist eine vom Autor geschaffene Persönlichkeitstypologie, die nicht mit Typologien und Tests anderer Autoren oder Institutionen verglichen werden kann.

Aus Gründen der Lesbarkeit wurde im Text die männliche Form gewählt, nichtsdestoweniger beziehen sich die Angaben auf Angehörige beider Geschlechter.

Originaltitel: Twój typ osobowości: Animator (ESTP)

Übersetzung aus dem Polnischen: Wojciech Dzido, Lingua Lab, www.lingualab.pl

Redaktion: Martin Kraft, Lingua Lab, www.lingualab.pl

Technische Redaktion: Zbigniew Szalbot

Herausgeber: LOGOS MEDIA

Druckausgabe: ISBN 978-83-7981-114-4

eBook (EPUB): ISBN 978-83-7981-115-1

eBook (MOBI): ISBN 978-83-7981-116-8

# Inhaltsverzeichnis

# Einführung

*Ihr Persönlichkeitstyp: Animateur (ESTP)* stellt ein außergewöhnliches Nachschlagewerk zum *Animateur* dar, einem der 16 Persönlichkeitstypen ID16™©.

Dieser Guide ist Teil der Serie ID16™©, die aus 16 Bänden besteht, die den einzelnen Persönlichkeitstypen gewidmet sind. Sie liefern auf eine ausführliche und verständliche Art und Weise Antworten auf folgende Fragen:

- Wie denken und fühlen Menschen, die zum jeweiligen Persönlichkeitstyp gehören? Wie treffen sie Entscheidungen? Wie lösen sie Probleme? Wovor haben sie Angst? Was stört sie?

- Mit welchen Persönlichkeitstypen kommen sie gut klar, mit welchen hingegen nicht? Was für Freunde, Lebenspartner, Eltern sind diese Menschen? Wie werden sie von anderen betrachtet?

- Was für berufliche Voraussetzungen haben sie? In was für einem Umfeld arbeiten sie am effektivsten? Welche Berufe passen am besten zu ihrem Persönlichkeitstyp?

- Was können sie gut und an welchen Fähigkeiten müssen sie noch feilen? Wie können sie ihr Potenzial ausschöpfen und Fallen aus dem Weg gehen?

- Welche bekannten Personen gehören zum jeweiligen Persönlichkeitstyp?

- Welche Gesellschaft verkörpert die meisten Charakterzüge des jeweiligen Typs?

In diesem Buch finden Sie ebenso die wichtigsten Informationen zur Persönlichkeitstypologie ID16$^{TM©}$.

Wir hoffen, dass es Ihnen dabei hilft, sich selbst und andere Menschen besser zu verstehen und kennenzulernen.

DIE HERAUSGEBER

# ID16™©
# im Kontext Jungscher
# Persönlichkeitstypologien

ID16™© gehört zur Familie der sog. Jungschen Persönlichkeitstypologien, die auf der Theorie von Carl Gustav Jung (1875-1961) basieren – einem Schweizer Psychiater und Psychologen und einem der wichtigsten Vertreter der sog. Tiefenpsychologie.

Auf Grundlage langjähriger Forschungen und Beobachtungen kam Jung zur Schlussfolgerung, dass die Unterschiede in der Haltung und den Vorlieben von Menschen nicht zufällig sind. Er erschuf daraufhin die heute bekannte Unterscheidung in Extrovertierte und Introvertierte. Ferner unterschied Jung vier Persönlichkeitsfunktionen, die zwei gegensätzliche Paare bilden: Empfindung – Intuition und Denken – Fühlen. Jung betonte, dass in jedem dieser Paare eine der Funktionen dominierend ist. Er kam zur Einsicht, dass die dominierenden Eigenschaften eines jeden Menschen stetig und unabhängig von externen Bedingungen sind, ihre Resultante hingegen der jeweilige Persönlichkeitstypus ist.

Im Jahre 1938 erschufen zwei amerikanische Psychiater, Horace Gray und Joseph Wheelwright, den ersten Persönlichkeitstest, der auf der Theorie von Jung basierte und die Bestimmung dominierender Funktionen in den drei von ihm beschriebenen Dimensionen ermöglichte: **Extraversion-Introversion**, **Empfindung-Intuition** sowie **Denken-Fühlen**. Dieser Test wurde zur Inspiration für andere Forscher. Im Jahre 1942, ebenfalls in den USA, begannen wiederum Isabel Briggs Myers und Katharine Briggs ihren eigenen Persönlichkeitstest anzuwenden. Sie erweiterten das klassische, dreidimensionale Modell von Gray und Wheelwright um eine vierte Dimension: **Bewertung-Beobachtung**. Die meisten der späteren Typologien und Persönlichkeitstests, die auf der Theorie von Jung basierten, übernahmen daraufhin auch diese vierte Dimension. Zu ihnen gehört auch u. a. die amerikanische Studie aus dem Jahre 1978 von David W. Keirsey sowie der Persönlichkeitstest von Aušra Augustinavičiūtė aus den 1970er Jahren. In den folgenden Jahrzehnten folgten Forscher aus der ganzen Welt, womit sie weitere vierdimensionale Typologien und Tests erschufen, die an lokale Bedingungen und Bedürfnisse angepasst wurden.

Zu dieser Gruppe gehört die unabhängige Persönlichkeitstypologie ID16™©, die in Polen vom

Pädagogen und Manager Jarosław Jankowski erarbeitet wurde. Diese Typologie, die im ersten Jahrzehnt des 21. Jahrhunderts veröffentlicht wurde, basiert ebenfalls auf der klassischen Theorie von Carl Gustav Jung. Ähnlich wie auch andere moderne Jungsche Typologien reiht sie sich in die vierdimensionale Persönlichkeitsanalyse ein. Im Falle von ID16™© werden diese Dimensionen als **vier natürliche Veranlagungen** bezeichnet. Diese Veranlagungen haben einen dichotomischen Charakter, ihre Charakteristik hingegen liefert Informationen über die Persönlichkeit eines Menschen. Die Analyse der ersten Veranlagung hat die Bestimmung einer dominierenden **Lebensenergiequelle** zum Ziel (äußere oder innere Welt). Die zweite Veranlagung wiederum bestimmt die dominierende Art und Weise, wie **Informationen aufgenommen werden** (mithilfe von Sinnen oder Intuition). Die dritte Veranlagung hingegen determiniert die dominante **Entscheidungsfindung** (Verstand oder Herz). Die Analyse der letzten Veranlagung schlussendlich liefert den dominanten **Lebensstil** (organisiert oder spontan). Die Kombination aller natürlichen Veranlagungen ergibt im Endresultat einen von **16 möglichen Persönlichkeitstypen**.

Eine besondere Eigenschaft der Typologie ID16™© ist ihre praktische Dimension. Sie beschreibt die einzelnen Persönlichkeitstypen in der Praxis – auf der Arbeit, im Alltag oder in zwischenmenschlichen Kontakten und Beziehungen. Diese Typologie konzentriert sich nicht auf die innere Dynamik der Persönlichkeit und versucht nicht, eine theoretische Erklärung für innere, unsichtbare

Prozesse zu finden. Viel mehr versucht sie zu er-
läutern, wie die jeweilige Persönlichkeit nach außen wirkt und welchen Einfluss sie auf ihr Umfeld
nimmt. Diese Fokussierung auf den sozialen As-
pekt einer jeden Persönlichkeit stellt eine Gemein-
samkeit mit der o. g. Typologie von Aušra Augustinavičiūtė dar.

Jeder der 16 Persönlichkeitstypen ID16™© ist
eine Resultante natürlicher Veranlagungen des
Menschen. Die Zuschreibung zum jeweiligen Typus birgt aber keine Bewertung. Keiner der Typen
ist besser oder schlechter als die anderen. Jeder
von ihnen ist schlichtweg anders und verfügt über
seine eigenen starken und schwachen Seiten.
ID16™© erlaubt es, diese Unterschiede zu identifi-
zieren und sie zu beschreiben. Er hilft einem dabei
sich selbst zu verstehen und seinen Platz auf dieser
Welt zu finden.

Die Tatsache, dass Menschen ihr eigenes Persönlichkeitsprofil kennen, erlaubt es ihnen, voll
und ganz ihr Potenzial zu nutzen und an all jenen
Gebieten zu arbeiten, die ihnen Probleme bereiten
könnten. Es ist eine unschätzbare Hilfe im Alltag,
bei der Suche nach Problemlösungen, beim Auf-
bau gesunder zwischenmenschlicher Beziehungen
sowie bei der Entscheidungsfindung auf dem Bil-
dungs- und Berufsweg.

Die Identifizierung des Persönlichkeitstypus ist
kein willkürlicher oder mechanischer Prozess. Jeder Mensch ist als „Inhaber und Nutzer seiner Persönlichkeit" in vollem Maße kompetent zu entscheiden, zu welchem Typus er gehört. Somit haben Menschen eine Schlüsselrolle in diesem Pro-

zess. Solch eine Selbstidentifizierung kann zum einen dadurch erfolgen, dass man sich die Beschreibungen aller 16 Persönlichkeitstypen durchliest und schrittweise die Auswahl einengt. Zum anderen kann man aber auch den schnelleren Weg wählen und den Persönlichkeitstest ID16™© ausfüllen. Auch in diesem Falle spielt der „Nutzer einer Persönlichkeit" die Schlüsselrolle, denn das Ergebnis des Tests hängt einzig und allein von seinen Antworten ab.

Die Identifizierung soll dabei helfen, sich selbst und andere zu verstehen, wenngleich sie keinesfalls als Orakel für die Zukunft angesehen werden sollte. Der Persönlichkeitstyp sollte zudem nie unsere Schwächen oder schlechte Beziehungen zu anderen Menschen rechtfertigen (obwohl er helfen sollte, die Gründe hierfür zu verstehen)!

Im Rahmen von ID16™© wird die Persönlichkeit nie als statisch, genetisch determinierter Zustand verstanden, sondern als Resultante angeborener und erworbener Eigenschaften. Solch eine Perspektive vernachlässigt nicht den freien Willen und kategorisiert nicht. Sie eröffnet viel mehr neue Perspektiven und regt zur Arbeit an sich selbst an, indem sie Bereiche aufzeigt, in denen dies am meisten benötigt wird.

# Der Animateur (ESTP)

PERSÖNLICHKEITSTYPOLOGIE ID16™©

## Profil

**Lebensmotto**: *Lasst uns etwas unternehmen!*

Energisch, aktiv und unternehmerisch. Sie mögen die Gesellschaft anderer Menschen und sind imstande, den Augenblick zu genießen. Spontan, flexibel und offen für Veränderungen.

Enthusiastische Anreger und Initiatoren, die andere zum Handeln motivieren. Logisch, rational und überaus pragmatisch. *Animateure* sind Realisten, die abstrakte Ideen und die Zukunft betreffende Erwägungen ermüdend finden. Sie konzentrieren sich viel mehr auf konkrete Lösungen von aktuellen Problemen. Sie haben manchmal Schwierigkeiten bei der Organisation und Planung, denn sie neigen zu impulsiven Handlungen, weswegen es passieren kann, dass sie erst handeln und dann nachdenken.

## Natürliche Veranlagungen des *Animateurs*

- Die Quelle seiner Lebensenergie: seine äußere Welt.
- Informationsaufnahme: Sinne.
- Art und Weise wie Entscheidungen getroffen werden: Verstand.
- Lebensstil: spontan.

## Ähnliche Persönlichkeitstypen

- *Verwalter*
- *Praktiker*
- *Inspektor*

## Statistische Angaben

- *Animateure* stellen ca. 6-10 % der Gesellschaft dar.
- Unter *Animateuren* überwiegen Männer (60 %).
- Das Land, welches dem Profil des *Animateurs* entspricht, ist Australien.[1]

---

[1] Dies bedeutet nicht, dass alle Einwohner von Australien zu dieser Gruppe gehören, wenngleich die australische Gesellschaft – als Ganzes – viele charakteristische Eigenschaften des *Animateurs* verkörpert.

## Buchstaben-Code

Der universelle Code des *Animateurs* ist in den Jungschen Persönlichkeitstypologien ESTP.

## Allgemeines Charakterbild

*Animateure* sind aktiv und spontan. Sie konzentrieren sich auf den aktuellen Tag und sind imstande, den Augenblick zu genießen. Sie gehören nicht zu all jenen, die viel Zeit mit Überlegungen über die Zukunft verbringen. *Animateure* bevorzugen es, all dies zu nutzen, was das Leben ihnen gerade bringt. Sie engagieren sich gerne für alles, was neu ist. Sie mögen Unbeständigkeit und Überraschungen.

Es fällt *Animateuren* schwer, auf einem Platz sitzenzubleiben. Sie verspüren ununterbrochen Hunger auf neue Erfahrungen. Wenn sie ein neues Wissensgebiet erforschen, Antworten auf Fragen finden, die sie beschäftigen, oder neue Fähigkeiten erlangen, beginnen sie neue Herausforderungen und Probleme zu entdecken, die es zu lösen gilt. In der Regel passen sie sich sehr leicht an neue Bedingungen an und können Veränderungen gut verkraften (sie erwarten sie sogar!).

## Wahrnehmung

In der Regel sind sie Pragmatiker und Realisten – sie stützen sich auf das, was sie anfassen, sehen oder hören können. *Animateure* sind hervorragende Beobachter und zeichnen sich durch ein ausgeprägtes Wahrnehmungsvermögen aus. Dafür vertrauen sie ihrer Vorahnung oder ihrer Intuition nicht. Sie lernen durch praktische Handlungen,

langweilen sich wiederum bei theoretischen Überlegungen und abstrakten Ideen. Sie sind von Natur
aus offen, tolerant und einsichtig – sowohl gegenüber anderen Menschen, als auch sich selbst. *Animateure* vermögen es, sich selbst viel zu verzeihen
und quälen sich nicht mit Fehlern oder schlechten
Entscheidungen aus der Vergangenheit.

## Entscheidungen

*Animateure* richten sich nach ihrem logischen Verständnis, wenn sie Entscheidungen treffen. Ratio-
nale Argumente und Beweise sprechen sie mehr an
als ihre eigenen Empfindungen oder ihre Intuition.
Ihre Entscheidungen stellen für gewöhnlich eine
Reaktion auf reale Situationen und Bedürfnisse
dar. Sie sind damit seltener das Ergebnis einer be-
wussten und geplanten Vorbereitung auf Ereignisse, die sie in der Zukunft erwarten. Es passiert
ihnen oft, dass sie „laut denken". Sie gelangen zur
Lösung von Problemen, indem sie diese mit anderen besprechen und dabei verschiedene Lösungs-
ansätze zum Ausdruck bringen.

Wenn sie einmal eine Entscheidung getroffen
haben, dann achten sie nicht besonders darauf, wie
sie von ihrem Umfeld wahrgenommen werden.
*Animateure* werden vor allem von ihren eigenen
Ansichten geleitet, die auf rationalen und objekti-
ven Fakten basieren. Die Befolgung eigener Regeln ist für sie wichtiger als das Befriedigen von
anderen Menschen (und sogar wichtiger als die Befolgung von geltenden Sitten und Normen).

## In den Augen anderer Menschen

*Animateure* werden von anderen als sympathische, spontane und offene Menschen betrachtet. In der Regel gelten sie auch als energische, aktive, praktische und überaus direkte Personen (für einige zu direkt). Viele Menschen sehen in ihnen willkommene Partner zum Feiern, aber auch Menschen, auf deren Hilfe sie stets zählen können im Falle von plötzlichen Ereignissen. Seltener werden sie als Experten von Aufgaben angesehen, die nach guter Organisation und Planung verlangen, denn nicht selten haben *Animateure* den Ruf von chaotischen und unorganisierten Personen. Menschen, die uneigennützig anderen dienen oder auf geistliche Dinge des Lebens konzentriert sind, empfinden *Animateure* oft als oberflächliche und auf Karriere und materielle Dinge fixierte Menschen.

*Animateuren* selbst fällt es schwer all jene zu verstehen, die sich von abstrakten Theorien oder Ideen hinreißen lassen. Auch Liebhaber von sentimentalen Erzählungen, Melodramen und Telenovelas stellen für sie ein Geheimnis dar.

## Lösung von Problemen

*Animateure* sind praktisch veranlagt. Ihnen liegt es fern darüber nachzudenken, was getan werden sollte. Dafür ziehen sie es vor, sich sofort an die Arbeit zu machen. Sie mögen praktische, greifbare Aufgaben. Oftmals beobachten sie unbewusst ihr Umfeld auf der Suche nach Problemen, die es zu lösen gilt. Für gewöhnlich brauchen *Animateure* keine lange Vorbereitungszeit, denn sie sind „stets bereit". Ferner kommen sie hervorragend mit Situationen klar, die schnelles Reaktionsvermögen, Flexibilität und Improvisation erfordern. In plötzlichen Situationen (bspw. bei einer Rettungsaktion) bewahren sie einen kühlen Kopf und vermögen es, die Situation objektiv einzuschätzen und die nötigen Schritte einzuleiten, während andere Menschen sich ihren Emotionen ergeben oder vor Angst erstarren. *Animateure* sind darüber hinaus auch imstande, auf Veränderungen und neue Faktoren zu reagieren und blitzschnell ihre Handlungen zu korrigieren (indem sie sie an die neuen Gegebenheiten anpassen).

Schlechter hingegen kommen sie mit Aufgaben klar, die Planung und längerer Vorbereitung bedürfen. In solchen Situationen versuchen sie sich zu retten - mit der für *Animateure* charakteristischen hervorragenden Fähigkeit zur Improvisation. Es kommt aber vor, dass sie durch ihre Probleme hinsichtlich zeitgerechter Planung und ihre nicht allzu gute Arbeitsorganisation zahlreiche Gelegenheiten verpassen und auch viele „Lebenschancen" nicht wahrnehmen.

Indem sie ihre Möglichkeiten überschätzen (bspw. durch eine Fehleinschätzung des für eine bestimmte Aufgabe erforderlichen Arbeitsaufwandes), schieben sie manchmal zu viele Dinge auf, womit sie ihren Kollegen und Verwandten oftmals Stress bereiten. Obwohl Planung und Organisation nicht zu ihren starken Seiten gehören, sind sie aber doch imstande, mit ein wenig Mühe diese Fähigkeiten entscheidend zu verbessern.

## Kommunikation

*Animateure* vermeiden den schriftlichen Ausdruck. Sie bevorzugen viel mehr die verbale Kommunikation und vermögen es, bildhaft zu erzählen. Ferner sind sie Überredungskünstler. Sie sprechen lieber, als dass sie zuhören. In der Regel sind sie ungeduldig, weswegen es vorkommt, dass sie ihre Gesprächspartner unterbrechen und ihnen ins Wort fallen. Ihre Offenheit, Optimismus und ihr Sinn für Humor bewirken allerdings, dass andere Menschen *Animateuren* gerne zuhören. All dies, in Verbindung mit ihrer Aktivität und ihrem Enthusiasmus, führt dazu, dass ihnen andere Menschen folgen. *Animateure* sind oftmals Initiatoren und Animateure verschiedener Ereignisse (daher auch die Bezeichnung für diesen Persönlichkeitstyp).

Wenn sie mit der Arbeit an einem neuen Unterfangen beginnen, vermögen sie es, anderen Menschen Glauben an den Erfolg einzuflößen und sie somit zur Arbeit zu motivieren. Von Natur aus sind sie jedoch besser bei der Initiierung von Aufgaben als mit deren Fertigstellung. Öfters als andere haben sie auch Probleme mit der Einhaltung ihrer Versprechen oder vorher getroffener Abmachungen. Denn wenn am Horizont die nächste Herausforderung auf sie wartet, verlieren sie ihre Begeisterung für die Realisierung der vorher begonnenen Arbeit. Diese Haltung führt gelegentlich zu Enttäuschung bei all denen, die sich einem Vorhaben angeschlossen haben, welches von ihnen initiiert wurde.

## In Stresssituationen

*Animateure* können gut arbeiten, aber auch gut entspannen. Sie sind imstande, sich „auszuklinken" und sich voll und ganz auf ihre Freizeit oder etwaige Unterhaltung zu konzentrieren, ohne dabei Gewissensbisse zu haben. Oftmals heben sie sich durch eine sehr ausgeprägte Leidenschaft für Sport und aktive Erholung hervor. In der Regel vertragen sie auch gut Stress- und Konfliktsituationen. Langfristige Konflikte können bei ihnen aber Erschöpfung, Energieverlust oder einen Rückzieher zur Folge haben. Erschöpft und müde neigen sie dazu, intensive und sinnliche Eindrücke zu suchen, Genussmittel zu konsumieren oder beim Glückspiel bzw. riskanten finanziellen Spekulationen auszuschalten.

## Sozialer Aspekt der Persönlichkeit

*Animateure* sind offen gegenüber anderen Menschen, weswegen es leicht fällt, ihnen näher zu kommen. Für gewöhnlich erlangen sie sehr schnell die Sympathien ihres Umfelds. Sie vermögen es relativ schnell, sich unter neuen Personen zurechtzufinden und sich an die Situation anzupassen. Bekannt sind sie auch dafür, dass sie fähig sind, stundenlang unterhaltsame Geschichten zu erzählen und auf scharfsinnige Art und Weise die Realität zu beschreiben. Oftmals reicht allein ihre Anwesenheit, um eine angespannte Situation zu entschärfen. Beim Kontakt mit anderen Menschen sind sie überaus direkt und in der Regel sagen sie auch, was sie denken. *Animateure* neigen dazu, impulsiv und schroff zu sein – ihre kritischen Anmerkungen können sensiblen und emotionalen Menschen Leid zufügen.

Für gewöhnlich verlieren sie keine Zeit für Vermutungen, was andere über sie denken und wie sie beurteilt werden. *Animateure* sind unempfindlich gegen Kritik sowie Druck von außen. Sie können auf Menschen Einfluss gewinnen, sie sogar manipulieren, um ihre Ziele zu verwirklichen.

Obwohl sie oft die Seele der Gesellschaft sind und anderen die Zeit attraktiv gestalten, haben *Animateure* oft Probleme mit tiefgründigen, zwischenmenschlichen Beziehungen. Sie verlieren sich in der Welt der Emotionen und Gefühle. Normalerweise ist es für sie einfacher, Beziehungen aufzubauen, deren Grundlage gemeinsamer Spaß oder das Lösen von Problemen sind. Beziehungen aufzubauen, die auf Gefühlen basieren, fällt ihnen hingegen schwer. Aus diesem Grund sind familiäre Beziehungen für sie eine größere Herausforderung als solche beruflicher Art.

## Unter Freunden

*Animateure* verbringen gerne ihre Zeit dort, wo etwas passiert. Sie mögen die Gesellschaft anderer Menschen und lieben gemeinsame Feiern und jegliche Aktivitäten in Gruppen. Ferner sind sie imstande sich schnell in einem neuen Umfeld zurechtzufinden und sich an die neuen Gegebenheiten anzupassen. Andere schätzen ihren Enthusiasmus, Optimismus und ihren Sinn für Humor, weswegen sie gerne Zeit mit ihnen verbringen. Für gewöhnlich werden *Animateure* als gesellige, spontane und problemlose Personen angesehen.

*Animateure* schließen gerne neue Bekanntschaften, weswegen sie auch häufiger als andere Menschen ihren Freundeskreis verändern. Bereits nach einem kurzen Gespräch sind sie imstande, das Potenzial neuer Bekannter einzuschätzen. Ein größeres Problem hingegen stellen für sie die Emotionen und Gefühle anderer Menschen dar. Die Spontanität und Impulsivität von *Animateuren* bewirkt, dass sie oftmals als emotionale Menschen wahrgenommen werden. Die Realität sieht dahingegen anders aus – *Animateure* richten sich hauptsächlich nach ihrer Logik und ihrem Verstand.

*Animateure* lieben Vielfältigkeit in ihrer Freizeit. Von Natur aus spontan treffen sie recht schnell ihre Entscheidungen. Sie langweilen sich bei längeren Tischgesprächen und bevorzugen gemeinsames Handeln. Es sind typische Menschen der Tat – ihre Verwandten und Bekannten wissen, dass sie immer auf die Hilfe der *Animateure* zählen können, wenn ein praktisches Problem schnell gelöst werden muss. Praktische Handlungen sind für *Animateure* eine Art und Weise, wie sie ihre Freundschaft und Verbundenheit zum Ausdruck bringen. Sie schließen am häufigsten Freundschaften mit *Verwaltern*, *Praktikern*, *Reformern* sowie anderen *Animateuren*. Am seltensten hingegen mit *Mentoren*, *Beratern* und *Idealisten*.

## In der Ehe

*Animateure* sind dynamisch, energisch und sinnlich. Ihre Spontanität und ihr Sinn für Humor bewirken, dass es unmöglich ist, sich mit ihnen zu langweilen. Als Ehepartner bringen sie in ihre Beziehungen viel Leben und Energie mit. Dank ihnen

„passiert ständig etwas". In der Regel schätzen sie sehr ihre Freiheit und vertragen keine Einschränkungen. Selbst schränken sie wiederum auch ihre Partner nicht ein und gewähren ihnen ihre Freiheiten.

*Animateure* sorgen sich um die Bedürfnisse ihrer Partner und bekunden ihre Unterstützung. Taten zählen für sie weitaus mehr als Worte. Praktische Bedürfnisse haben für sie einen größeren Stellenwert als emotionale Bedürfnisse. Sie selbst haben keine großen emotionalen Bedürfnisse, weswegen es ihnen auch schwer fällt, diese bei anderen Menschen zu erkennen. In der Regel haben *Animateure* auch Probleme mit der Deutung und Bekundung von Gefühlen, wenngleich sie mit etwas Mühe mit der Zeit diese Fähigkeit verbessern können. Ihre romantischen Partner können auf schmerzliche Art und Weise ein Defizit an Komplimenten, Zärtlichkeit und herzlichen Worten empfinden. Auch kritische Anmerkungen und kräftige Witze seitens der *Animateure* können sie verletzen.

*Animateure* mögen in der Regel keine Gespräche über Gefühle und Beziehungen. Solche Gespräche sind für sie nicht nur langweilig, sondern werden viel mehr als Zeitverschwendung angesehen, da zeitgleich konkrete Taten realisiert werden könnten! Sensible Ehepartner von *Animateuren* können gemeinsame Gespräche als oberflächlich, die Aussagen ihrer Partner hingegen als zu lakonisch ansehen.

Neue, starke Impulse fixieren *Animateure* für gewöhnlich so stark, dass sie sich den neuen Herausforderungen voll und ganz hingeben und dabei gelegentlich frühere Verpflichtungen vergessen.

Wenn sie an einem ungelösten Problem oder einem bislang nicht erforschten Phänomen interessiert sind, dann gibt es nur wenige Sachen, die sie davon abhalten könnten, sich für jene zu engagieren. Im Endeffekt haben *Animateure* oftmals Probleme mit der Einhaltung zuvor abgegebener Versprechen. Dieses Verhalten ruft manchmal Frust bei ihren Partnern aus, vor allem dann, wenn sie den Enthusiasmus der *Animateure* nicht teilen oder das Wesen der Probleme, die sie faszinieren, nicht verstehen.

*Animateure* leben für den Moment, weswegen das Gelübde „bis dass der Tod uns scheidet" für sie eine echte Herausforderung darstellen kann. Von Natur aus sind solche Verpflichtungen für sie Entscheidungen, die sie jeden Tag aufs Neue treffen. Ihre Spontanität und Vorliebe für Veränderungen, die aus dem Leben ein ständiges Abenteuer machen, stellen ab und zu auch eine Gefahr für die Stabilität ihrer Beziehung dar. Eine potenzielle Gefahr ist ebenfalls ihre ständige Faszination für neue Bekanntschaften und die Vorliebe für Flirts.

Natürliche Kandidaten als Lebenspartner sind für *Animateure* Menschen mit verwandten Persönlichkeitstypen: *Verwalter*, *Praktiker* oder *Inspektoren*. In solchen Beziehungen fällt es ihnen einfacher, gegenseitiges Verständnis und ein harmonisches Zusammenleben zu gestalten. Die Erfahrung zeigt jedoch, dass Menschen imstande sind, gelungene und glückliche Beziehungen zu führen, obwohl scheinbar keine typologische Übereinstimmung vorzufinden ist. Ferner können gerade Unterschiede zwischen den Partnern ihrer Beziehung

Dynamik verleihen und positiven Einfluss auf die persönliche Entwicklung ausüben (vielen Personen erscheint diese Perspektive attraktiver als die Vision einer harmonischen Beziehung, in der stets gegenseitiges Verständnis und ein friedliches Zusammenleben vorherrschen).

## Als Eltern

*Animateure* in der Rolle von Eltern behandeln ihre Kinder als unabhängige Personen. Sie fragen sie nach ihrer Meinung, sind bereit, ihnen Recht zu geben und sogar von ihnen zu lernen. *Animateure* regen ihren Nachwuchs an, die Welt zu entdecken und ihre Freizeit aktiv zu verbringen. In der Erziehung bevorzugen sie einen partnerschaftlichen Stil. Sie sind eher Freunde als Mentoren. Zusammen mit ihren Kindern suchen sie nach Antworten auf alle Fragen und zusammen mit ihnen entdecken sie auch die Welt.

*Animateure* lehnen es ab, die Rolle von Experten einzunehmen, die fertige Antworten auf alle möglichen Fragen parat haben. Sie schämen sich auch nicht für ihr fehlendes Wissen. In der Regel sind sie tolerant, problemlos und nachsichtig, wenngleich sie auch impulsiv und ungeduldig sein können. Ihrer Erziehung fehlt es oftmals an Kohärenz und Konsequenz. Wenn ihr Partner ebenfalls nicht geordneter bei der Erziehung der Kinder vorgehen kann, so kann ihren Kindern das Gefühl von Stabilität, Sicherheit sowie klaren Regeln, die Ordnung auf der Welt schaffen, fehlen.

*Animateure* haben oftmals Probleme mit der Disziplinierung ihres Nachwuchses (sie treten diese Pflicht gerne an ihre Partner ab). Dahingegen lieben sie sorgloses Vergnügen und gemeinsame Spiele mit ihren Kindern – ihnen macht es mindestens so viel Spaß, wie ihren Sprösslingen. Ab und zu sind sie so auf das gemeinsame Spielen fixiert, dass sie andere Pflichten vergessen. Wenn sie sich aber wiederum auf andere Pflichten konzentrieren, kann es dazu kommen, dass sie ihre Kinder beinahe vergessen.

Kindern fällt es manchmal schwer, das Verhalten ihres *Animateur*-Elternteils zu verstehen, denn zum einen ist er mal komplett auf das Spielen fixiert, zum anderen komplett unzugänglich. Ein weiteres Problem in der Kind-Eltern-Beziehung ist das Unvermögen von *Animateuren*, Gefühle zu deuten und sie auszusprechen. Von Natur aus gehören sie nicht zu den Eltern, die ihren Kindern mit herzlichen Worten und viel Fürsorge tagtäglich begegnen. Ihre natürliche Art und Weise, ihnen ihre Zuneigung zu zeigen, ist die Sorge um ihre Bedürfnisse, besonders die praktischen. Diese Verantwortung behandeln sie überaus ernst. Wenn also ihren Kindern Leid zugefügt wird, sind sie sofort an Ort und Stelle, um zu handeln und notwendige Maßnahmen zu treffen (bspw. wenn sie von Problemen in der Schule hören, sind sie meist die ersten, die auch andere Eltern zu Taten mobilisieren).

Die erwachsenen Kinder von *Animateuren* sind ihnen dafür dankbar, dass sie ihnen viele Freiheiten gewährt, sie zur Erkundung ihrer Umwelt angeregt und sie in schwierigen und bedrohlichen Situationen gerettet haben. Auch die verrückten gemeinsamen Spiele behalten sie in guter Erinnerung.

# Arbeit und Karriere

*Animateure* mögen Unbeständigkeit, weswegen sie auch gerne dort arbeiten, wo „etwas los ist". Sie finden sich gut in Unternehmen zurecht, die Aktivität sowie Unternehmergeist wertschätzen und ihren Mitarbeiter ihre Freiheiten bei der Arbeit lassen. Sie ertragen dagegen nur schlecht strikte Kontrolle und mögen keine Deadlines, feste Strukturen und bürokratische Prozeduren. Wenn sie davon überzeugt sind, dass ihre Ansichten zutreffend sind, können *Animateure* bestehende Instruktionen oder Regeln bewusst ignorieren, um ihr Ziel zu erreichen.

## Präferenzen

*Animateure* können Routine und Wiederholbarkeit nicht vertragen. Wenn sie einmal monotone Aufgaben ausführen müssen, versuchen sie sie abwechslungsreicher zu gestalten. So wird ihre Arbeit attraktiver, da sie um veränderbare und vielfältige Elemente ergänzt wird. Viele *Animateure* – da sie nicht ihr ganzes Leben vor dem Schreibtisch oder unter ständiger Kontrolle ihres Chefs arbeiten möchten – entscheiden sich für die Arbeit im Außendienst, die viele Reisen sowie den Kontakt zu ihren Geschäftspartnern nach sich zieht, dafür ihnen aber viel mehr Freiheiten gewährt. Ihre angeborene Aktivität, ihr Unternehmergeist, ihre Veranlagung zum Risiko sowie der Wunsch nach Unabhängigkeit führen dazu, dass viele *Animateure* eigene Firmen gründen und als Unternehmer erfolgreich sind.

## Fähigkeiten und Herausforderungen

*Animateure* eignen sich in der Regel besser für Aufgaben, die nach Spontanität und schnellem Reaktionsvermögen verlangen, anstatt nach Systematik sowie guter Planung und Organisation. Wenn sie in leitenden Positionen sind, brauchen sie tatkräftige Unterstützung seitens ihrer Assistenten oder Sekretäre, die ihnen bei praktischen Routineaufgaben aushelfen. Eine ganz besondere Herausforderung sind für *Animateure* auch Probleme, bei denen Emotionen und Gefühle eine wichtige Rolle spielen. Wenn sie Bereiche betreten, die nach Intuition, Empathie oder der Deutung menschlicher Gefühle verlangen, dann verlieren sie den Boden unter den Füßen, weswegen sie oftmals versuchen, solche Situationen zu vermeiden.

## Im Team

*Animateure* mögen Vorgesetzte, die ihren Mitarbeitern allgemeine Richtungen aufzeigen und ihnen Freiheiten bei der Realisierung ihrer Aufgaben lassen. Sie arbeiten gerne im Team, in das sie für gewöhnlich Optimismus, Enthusiasmus sowie eine praktische Herangehensweise an Herausforderungen einbringen. Sie sind geborene Anreger und Initiatoren. Oftmals machen sie sich als erste an die Arbeit, womit sie auch andere mitziehen. Ihre Begeisterung, ihr Enthusiasmus sowie ihr Engagement stellen für andere Menschen eine positive Inspiration und Motivation dar. *Animateure* arbeiten am liebsten mit offenen und flexiblen Personen (die ihnen ähnlich sind). Ferner bevorzugen sie auch Menschen mit Sinn für Humor und all jene, die lebensfroh sind.

*Animateure* quält eine Zusammenarbeit mit Menschen, die es nicht schaffen, Verantwortung für ihr eigenes Leben zu übernehmen oder alles schwarzsehen. Sie verstehen auch Menschen nicht, die monatelang ein Problem besprechen, ohne dabei jegliche praktische Maßnahmen zu ergreifen, um es zu lösen. Theoretische Diskussionen sind für *Animateure* nicht nur überaus langweilig, aber ihres Erachtens auch überaus unproduktiv (Verlust von Zeit und Energie). Ihre eigenen Handlungen hingegen werden manchmal als nicht durchdacht, voreilig und chaotisch bewertet.

## Berufe

Das Wissen über das eigene Persönlichkeitsprofil sowie die natürlichen Präferenzen stellen eine unschätzbare Hilfe bei der Wahl des optimalen Berufsweges dar. Die Erfahrung zeigt, dass *Animateure* mit Erfolg in verschiedenen Bereichen arbeiten und aufgehen können. Doch dieser Persönlichkeitstyp prädisponiert sie auf natürliche Art und Weise zu folgenden Berufen:

- Animateur,
- Antiterrorspezialist,
- Bauarbeiter,
- Berufskraftfahrer,
- Bodyguard,
- Elektriker,
- Elektroniker,
- Feuerwehrmann,

- Finanzberater,
- Fotograf,
- Fremdenführer,
- Handelsvertreter,
- Immobilienvertreter,
- Ingenieur,
- Logistiker,
- Mitarbeiter im Krisenzentrum,
- Mitarbeiter im Rettungsdienst,
- Moderator,
- Physiotherapeut,
- Polizeibeamter,
- Reiseleiter,
- Reiseverkehrskaufmann/-frau,
- Schauspieler,
- Schlosser,
- Soldat,
- Sportler,
- Trainer,
- Unternehmer,
- Verkäufer,
- Versicherungsvertreter.

## Potenzielle starke und schwache Seiten

Ähnlich wie auch andere Typen haben *Animateure* potenzielle starke und schwache Seiten. Dieses Potenzial kann auf verschiedenste Weise ausgeschöpft werden. Glück im Privatleben sowie Erfolg im Beruf hängen bei *Animateuren* davon ab, ob sie die Chancen, die mit ihrem Persönlichkeitstyp verknüpft sind, nutzen und ob sie den Gefahren auf ihrem Weg die Stirn bieten können. Im Folgenden eine ZUSAMMENFASSUNG dieser Chancen und Gefahren:

## Potenzielle starke Seiten

*Animateure* sind offene, optimistische Menschen, die schnell Kontakte knüpfen. Sie sind nicht nachtragend und vermögen es, zu verzeihen (anderen und sich selber). Sie genießen jeden Tag und quälen sich nicht mit Gedanken über Fehler aus der Vergangenheit. Es sind hervorragende Beobachter, die über ein sehr gutes Erinnerungsvermögen verfügen. *Animateure* zeichnen sich darüber hinaus durch Flexibilität und Spontanität aus. Sie vertragen gut Veränderungen und passen sich schnell an neue Bedingungen an. Ihr Verhalten ist überaus logisch und rational. Sie mögen es, praktische Probleme zu lösen und haben auch keine Angst, sich an „unlösbare" Aufgaben zu trauen. *Animateure* vermögen es, schnell eine Situation einzuschätzen und angemessen auf Probleme und sich wandelnde Bedingungen zu reagieren. Sie verfügen auch über eine außergewöhnlich Improvisationsgabe. *Animateure* handeln effektiv, unternehmerisch und energisch. Sie vertragen gut Konfliktsituationen und Kritik. Unabhängig von der Meinung und Ansichten anderer Menschen vermögen sie es, so zu handeln, wie sie es für richtig halten. Es ist nicht einfach, sie von ihrem Verhalten abzubringen.

Von Natur aus mutig haben *Animateure* keine Angst vor Risiko. Sie stecken andere Menschen mit ihrem Enthusiasmus und dem Glauben an den

Erfolg an. Sie initiieren verschiedene Projekte und motivieren damit andere zur Arbeit. *Animateure* vermögen es auch, ihre ganze Energie für eine für sie wichtige Aufgabe aufzuwenden. Andererseits ist ihnen wohl genutzte Freizeit auch nicht fremd. In der Regel verstehen sie es, hervorragend verbal zu kommunizieren. Sie sprechen bildhaft, humorvoll und interessant, weswegen sie die Aufmerksamkeit anderer Menschen auf sich lenken. Schlussendlich verfügen *Animateure* über eine natürliche Überredungskunst.

## Potenzielle schwache Seiten

*Animateure* haben Schwierigkeiten mit der Festlegung von Prioritäten sowie methodischem und systematischem Vorgehen. Sie agieren oftmals impulsiv, ihre Reaktionen wiederum beziehen sich auf aktuelle Probleme und Herausforderungen, seltener hingegen sind sie ein Ergebnis geplanter Handlungen mit der Zukunft im Hinterkopf. Da sie sich auf die Gegenwart konzentrieren, haben *Animateure* Probleme damit, zukünftige Chancen und Gefahren zu erkennen. Ebenfalls sind die Konsequenzen ihrer Handlungen sowie deren Einfluss auf andere Menschen für *Animateure* nur schwer vorherzusehen. Sie lassen sich einfach ablenken und vernachlässigen sofort bereits begonnene Aufgaben, wenn sie eine neue Herausforderung erkennen. Im Endeffekt tendieren sie dazu, ihre Versprechen nicht einzuhalten und Aufgaben nicht zu beenden. Ihre Schwierigkeiten bei der Planung und schlechtes Zeitmanagement können zu einer schlechten Aufteilung der ihnen aufgetragenen Aufgaben führen, was sich wiederum in nicht eingehaltenen Terminen äußert.

*Animateure* haben Probleme mit Arbeit, die sie alleine ausführen müssen, sowie Aufgaben, die nach langer Vorbereitung verlangen (bspw. Recherche zahlreicher Materialien, Vorbereitung eines detaillierten Ablaufplans). Für gewöhnlich tun sie sich mit Routineaufgaben und sich wiederholenden Handlungen schwer. Auch Aufgaben, die nach abstraktem sowie vorausschauendem Denken verlangen, stellen für *Animateure* ein Problem dar. Von Natur aus ungeduldig langweilen sie sich recht schnell. *Animateure* tendieren oftmals zu riskanten Zügen und gefährlichen Handlungen. Ihre Selbstsicherheit, die ihnen oftmals viele Erfolge einbringt, bewirkt manchmal, dass sie ihre Fähigkeiten überschätzen oder die Ernsthaftigkeit der Aufgabe nicht richtig einschätzen. Trotz hervorragender zwischenmenschlicher Beziehungen im Gesellschaftsleben haben *Animateure* Probleme damit, Gefühle und Emotionen zu deuten und ihre eigenen zu äußern. Es kommt vor, dass sie anderen Menschen mit ihren kräftigen oder kritischen Aussagen wehtun, wenngleich sie es oft einmal nicht bemerken.

## Persönliche Entwicklung

Die persönliche Entwicklung von *Animateuren* hängt davon ab, in welchem Grad sie ihr natürliches Potenzial nutzen und ob sie die Gefahren, die

in Verbindung mit ihrem Typ stehen, zu bewälti-
gen vermögen. Die folgenden praktischen Tipps
stellen eine Art Dekalog des *Animateurs* dar.

## Sehen Sie ein, dass Sie irren können

Angelegenheiten können weitaus komplexer sein,
als es Ihnen erscheint. Sie müssen nicht immer
Recht haben. Behalten Sie das im Auge, bevor sie
anderen Menschen ihre Fehler aufzeigen oder
ihnen die Schuld zuweisen.

## Lernen Sie, Prioritäten zu setzen und die Zeit zu verwalten

Enthusiasmus ist mitunter Ihr Antrieb für Handlungen. Doch Zeitrahmen, Arbeitsplan und Prioritäten müssen nicht zwangsweise Ihre Kreativität
oder Ihr Vorgehen einschränken, womit Sie durch
diese auch nicht bei der Realisierung von Aufgaben gehindert werden. Umgekehrt! Entsprechend
angewandt, helfen sie Ihnen, Ihre Ziele zu erreichen!

## Loben Sie andere Menschen

Nutzen Sie jede Gelegenheit, um andere Menschen wertzuschätzen, ihnen etwas Gutes zu sagen
und sie für ihre Handlungen zu loben. Auf der Arbeit sollten Sie Menschen nicht nur für die erledig-
ten Aufgaben schätzen, aber auch dafür, was es für
Menschen sind. Sie werden den Unterschied mer-
ken und überrascht sein!

## Seien Sie nachsichtiger

Seien Sie mit anderen Menschen geduldiger. Vergessen Sie dabei nicht, dass nicht jeder die gleiche Aufgabe bekommen kann, denn nicht alle Menschen sind für alle möglichen Arten von Aufgaben geschaffen. Wenn also einmal jemand sich mit seiner Aufgabe schwertut, dann ist das nicht zwangsweise ein Anzeichen von Böswilligkeit oder Faulheit.

## Schätzen Sie kreative Ideen

Wenn man sich nur auf trockene Fakten und exakte Daten stützt, kann dies zu einer Reihe von Einschränkungen führen. Viele Probleme können nur dank Intuition, innovativer Herangehensweise und kreativen Ideen gelöst werden. Lassen Sie all dies zu!

## Denken Sie an die Zukunft

Sie schenken die meiste Beachtung aktuellen Aufgaben und kurzfristigen Zielen. Damit übersehen Sie aber oftmals Chancen, die die Zukunft mit sich bringt. Um diese besser zu nutzen, müssen Sie überlegen, was Sie im kommenden Jahr, in den kommenden fünf Jahren oder im nächsten Jahrzehnt erreichen wollen.

## Agieren Sie weniger impulsiv

Bevor Sie eine Entscheidung treffen oder sich für ein Unterfangen engagieren, sollten Sie ein wenig Zeit für die Sammlung und Analyse von Informationen opfern. Solch eine Herangehensweise wird wahrscheinlich die Anzahl Ihrer Aktivitäten verringern, aber zugleich deren Effektivität steigern.

## Kritisieren Sie weniger

Nicht jeder ist imstande, konstruktive Kritik wie Sie zu vertragen. Auf viele Personen hat sie einen destruktiven Einfluss. Forschungen zufolge wirkt Lob für positive Verhaltensweisen, selbst wenn diese nur selten vorkommen, motivierender auf Menschen als die Kritik an negativem Verhalten. Seien Sie also bei der Kritik von Verhalten und von Ansichten anderer Menschen zurückhaltender.

## Beenden Sie das, was Sie begonnen haben

Sie beginnen mit Begeisterung neue Aufgaben, es fällt Ihnen aber schwer, sie auch abzuschließen. Solch eine Herangehensweise erbringt für gewöhnlich schlechte Resultate. Versuchen Sie festzustellen, was für Sie das Wichtigste ist und wie Sie es erreichen können. Fangen Sie daraufhin an, zu arbeiten, und lassen Sie sich nicht davon ablenken!

## Denken Sie an Termine und Jahrestage

Ein geplantes Treffen, Geburtstage von Verwandten sowie familiäre Jahrestage können Ihnen als etwas Unwichtiges erscheinen, vor allem vor dem Hintergrund der Angelegenheiten, mit denen Sie sich befassen. Für andere Menschen haben solche Daten aber eine immense Bedeutung. Wenn Sie es also nicht schaffen, solche Tage im Gedächtnis zu behalten, dann notieren Sie sie!

# Bekannte Personen

Eine Liste bekannter Personen, die dem Profil des *Animateurs* entsprechen:

- **Winston Churchill** (1874-1965) – britischer Politiker, Redner, Stratege, Schriftsteller und Historiker, zweifacher Premierminister des Vereinigten Königreichs, Autor zahlreicher historischer Publikationen, Literaturnobelpreisträger;

- **Ernest Hemingway** (1899-1961) – US-amerikanischer Prosaiker (u. a. *Der alte Mann und das Meer*), Literaturnobelpreisträger;

- **Evita**, eigtl. María Eva Duarte de Peron (1919-1952) – argentinische Film- und Radioschauspielerin, politische und soziale Aktivistin;

- **Michail Kalaschnikow** (1919-2013) – sowjetischer Waffenkonstrukteur, Erschaffer des vollautomatischen Gewehrs AK-47 („Kalaschnikow");

- **Peter Falk** (1927-2011) – US-amerikanischer Filmschauspieler (u. a. *Columbo*);

- **Jack Nicholson** (geb. 1937) – US-amerikanischer Filmschauspieler (u. a. *Einer flog über das Kuckucksnest*), Filmproduzent, Drehbuchautor und Regisseur, Träger vieler prestigeträchtiger Auszeichnungen;

- **John Rhys-Davies** (geb. 1944) – walisischer Filmschauspieler (u. a. *Der Herr der Ringe*);

- **Madonna**, eigtl. Madonna Louise Veronica Ciccone (geb. 1958) – US-amerikanische Sängerin und Filmschauspielerin italienischer Abstammung, Trägerin zahlreicher prestigeträchtiger Auszeichnungen;
- **Antonio Banderas**, eigtl. José Antonio Domínguez Bandera (geb. 1960) – spanischer Filmschauspieler (u. a. Desperado), Träger vieler prestigeträchtiger Auszeichnungen;
- **Jeremy Clarkson** (geb. 1960) – US-amerikanischer TV-Journalist (u. a. *Top Gear*);
- **Michael J. Fox** (geb. 1961) – kanadischer Filmschauspieler (u. a. Zurück in die Zukunft);
- **Mike Tyson** (geb. 1966) – US-amerikanischer Boxer, ehemaliger Weltmeister im Schwergewicht;
- **Matt Damon** (geb. 1970) – US-amerikanischer Filmschauspieler (u. a. *Good Will Hunting*), Drehbuchautor und Filmproduzent;
- **David Tennant**, eigtl. David John McDonald (geb. 1971) – britischer Film- und Theaterschauspieler (u. a. *Doctor Who*);
- **Britney Spears** (geb. 1981) – US-amerikanische Popsängerin, Tänzerin und Filmschauspielerin.

# Die 16 Persönlichkeitstypen im Überblick

## Der Animateur (ESTP)

**Lebensmotto**: *Lasst uns etwas unternehmen!*

Energisch, aktiv und unternehmerisch. Sie mögen die Gesellschaft anderer Menschen und sind imstande, den Augenblick zu genießen. Spontan, flexibel und offen für Veränderungen.

Enthusiastische Anreger und Initiatoren, die andere zum Handeln motivieren. Logisch, rational und überaus pragmatisch. *Animateure* sind Realisten, die abstrakte Ideen und die Zukunft betreffende Erwägungen ermüdend finden. Sie konzentrieren sich viel mehr auf konkrete Lösungen von aktuellen Problemen. Sie haben manchmal Schwierigkeiten bei der Organisation und Planung,

denn sie neigen zu impulsiven Handlungen, weswegen es passieren kann, dass sie erst handeln und
dann nachdenken.

## Natürliche Veranlagungen des *Anima-teurs*

* Die Quelle seiner Lebensenergie: seine
  äußere Welt.
* Informationsaufnahme: Sinne.
* Art und Weise wie Entscheidungen ge-
  troffen werden: Verstand.
* Lebensstil: spontan.

## Ähnliche Persönlichkeitstypen

* *Verwalter*
* *Praktiker*
* *Inspektor*

## Statistische Angaben

* *Animateure* stellen ca. 6-10 % der Gesellschaft dar.
* Unter *Animateuren* überwiegen Männer
  (60 %).
* Das Land, welches dem Profil des *Anima-teurs* entspricht, ist Australien.[2]

---

[2] Dies bedeutet nicht, dass alle Einwohner von Australien
zu dieser Gruppe gehören, wenngleich die australische Gesellschaft – als Ganzes – viele charakteristische Eigenschaften des *Animateurs* verkörpert.

## Buchstaben-Code

Der universelle Code des *Animateurs* ist in den Jungschen Persönlichkeitstypologien ESTP.

## Mehr:

Jarosław Jankowski
*Ihr Persönlichkeitstyp: Animateur (ESTP)*

# Der Anwalt (ESFJ)

**Lebensmotto**: *Wie kann ich dir helfen?*

Enthusiastisch, energisch und gut organisiert. Praktisch, verantwortungsbewusst und gewissenhaft. Darüber hinaus herzlich und überaus gesellig. *Anwälte* erkennen menschliche Stimmungen, Emotionen und Bedürfnisse. Sie schätzen Harmonie und vertragen schlecht Kritik oder Konflikte. Sie sind sehr sensibel in Bezug auf Ungerechtigkeiten sowie das Leid anderer Menschen. Sie interessieren sich aufrichtig für die Probleme anderer und sind glücklich, wenn sie ihnen helfen können. Indem sie sich um die Bedürfnisse anderer kümmern, vernachlässigen sie oftmals ihre eigenen. *Anwälte* neigen dazu, anderen auszuhelfen. Sie sind anfällig für Manipulationen.

## Natürliche Veranlagungen des *Anwalts*

- Die Quelle seiner Lebensenergie: seine äußere Welt.
- Informationsaufnahme: Sinne.

- Art und Weise wie Entscheidungen getroffen werden: Herz.
- Lebensstil: organisiert.

## Ähnliche Persönlichkeitstypen

- *Moderator*
- *Betreuer*
- *Künstler*

## Statistische Angaben

- *Anwälte* stellen ca. 10-13 % der Gesellschaft dar.
- Unter *Anwälten* überwiegen Frauen (70 %).
- Das Land, welches dem Profil des *Anwalts* entspricht, ist Kanada.

## Buchstaben-Code

Der universelle Code des *Anwalts* ist in den Jungschen Persönlichkeitstypologien ESFJ.

## Mehr:

Jarosław Jankowski
*Ihr Persönlichkeitstyp: Anwalt (ESFJ)*

# Der Berater (ENFJ)

**Lebensmotto**: *Meine Freunde sind meine Welt.*

Optimistisch, enthusiastisch und scharfsinnig. Höflich und taktvoll. Sie verfügen über ein unglaubliches Empathievermögen, wodurch es sie glücklich stimmt, durch selbstloses Handeln anderen Menschen Gutes zu tun. *Berater* vermögen es, Einfluss auf das Leben anderer zu nehmen – sie inspirieren, entdecken in ihnen verstecktes Potenzial und verleihen ihnen Glauben an das eigene Können. *Berater* strahlen Wärme aus, weswegen sie andere Menschen anziehen. Sie helfen ihnen oftmals, persönliche Probleme zu lösen.

Doch *Berater* neigen dazu, gutgläubig zu sein und die Welt durch eine rosarote Brille zu betrachten. Da sie ständig auf andere Menschen fixiert sind, vergessen sie oftmals ihre eigenen Bedürfnisse.

## Natürliche Veranlagungen des *Beraters*

- Die Quelle seiner Lebensenergie: seine äußere Welt.
- Informationsaufnahme: Intuition.
- Art und Weise wie Entscheidungen getroffen werden: Herz.
- Lebensstil: organisiert.

## Ähnliche Persönlichkeitstypen

- *Enthusiast*
- *Mentor*
- *Idealist*

## Statistische Angaben

- *Berater* stellen ca. 3-5 % der Gesellschaft dar.
- Unter *Beratern* überwiegen Frauen (80 %).

- Das Land, welches dem Profil des *Beraters* entspricht, ist Frankreich.

## Buchstaben-Code

Der universelle Code des *Beraters* ist in den Jungschen Persönlichkeitstypologien ENFJ.

## Mehr:

Jarosław Jankowski
*Ihr Persönlichkeitstyp: Berater (ENFJ)*

# Der Betreuer (ISFJ)

**Lebensmotto**: *Mir liegt viel an deinem Glück.*

Herzlich, bescheiden, vertrauenswürdig und überaus loyal. An erster Stelle stehen für *Betreuer* andere Menschen. Sie erkennen ihre Bedürfnisse und möchten ihnen helfen. Sie sind praktisch, gut organisiert und verantwortungsbewusst. Ferner zeichnen sie sich durch Geduld, Fleiß und Ausdauer aus. Sie führen ihre Pläne zu Ende.

*Betreuer* bemerken und prägen sich Details ein. Sie schätzen Ruhe, Stabilität und freundschaftliche Beziehungen zu anderen Menschen. Darüber hinaus vermögen sie es, Brücken zwischen Menschen zu bauen. Sie vertragen nur schlecht Kritik und Konflikte. *Betreuer* verfügen über ein starkes Pflichtbewusstsein und sind stets bereit anderen zu helfen. Manchmal werden sie von anderen ausgenutzt.

## Natürliche Veranlagungen des *Betreuers*

- Die Quelle seiner Lebensenergie: sein Inneres.
- Informationsaufnahme: Sinne.
- Art und Weise wie Entscheidungen getroffen werden: Herz.
- Lebensstil: organisiert.

## Ähnliche Persönlichkeitstypen

- *Künstler*
- *Anwalt*
- *Moderator*

## Statistische Angaben

- *Betreuer* stellen ca. 8-12 % der Gesellschaft dar.
- Unter *Betreuern* überwiegen Frauen (70 %).
- Das Land, welches dem Profil des *Betreuers* entspricht, ist Schweden.

## Buchstaben-Code

Der universelle Code des *Betreuers* ist in den Jungschen Persönlichkeitstypologien ISFJ.

## Mehr:

Jarosław Jankowski
*Ihr Persönlichkeitstyp: Betreuer (ISFJ)*

# Der Direktor (ENTJ)

**Lebensmotto**: *Ich sage euch, was zu tun ist!*

Unabhängig, aktiv und entschieden. Rational, logisch und kreativ. *Direktoren* betrachten analysierte Probleme in einem breiteren Kontext und sind imstande, die Konsequenzen von menschlichem Verhalten vorherzusehen. Sie zeichnen sich durch Optimismus und eine gesunde Selbstsicherheit aus. Sie können theoretische Konzepte in konkrete, praktische Pläne umwandeln.

Visionäre, Mentoren und Organisatoren. *Direktoren* verfügen über natürliche Führungsqualitäten. Ihre starke Persönlichkeit, ihr kritisches Urteilsvermögen sowie ihre Direktheit verunsichern andere Menschen häufig und führen zu Problemen bei zwischenmenschlichen Beziehungen.

## Natürliche Veranlagungen des *Direktors*

- Die Quelle seiner Lebensenergie: seine äußere Welt.
- Informationsaufnahme: Intuition.
- Art und Weise wie Entscheidungen getroffen werden: Verstand.
- Lebensstil: organisiert.

## Ähnliche Persönlichkeitstypen

- *Reformer*
- *Stratege*
- *Logiker*

## Statistische Angaben

- *Direktoren* stellen ca. 2-5 % der Gesellschaft dar.
- Unter *Direktoren* überwiegen Männer (70 %).
- Das Land, welches dem Profil des *Direktors* entspricht, sind die Niederlande.

## Buchstaben-Code

Der universelle Code des *Direktors* ist in den Jungschen Persönlichkeitstypologien ENTJ.

## Mehr:

Jarosław Jankowski
*Ihr Persönlichkeitstyp: Direktor (ENTJ)*

# Der Enthusiast (ENFP)

**Lebensmotto**: *Wir schaffen das!*

Energisch, enthusiastisch und optimistisch. Sie sind lebensfreudig und sind mit den Gedanken in der Zukunft. Dynamisch, scharfsinnig und kreativ. *Enthusiasten* mögen Menschen und schätzen ehrliche und authentische Beziehungen. Sie sind herzlich und emotional. *Enthusiasten* können aber schlecht mit Kritik umgehen. Sie verfügen über Empathie und erkennen die Bedürfnisse, Emotionen und Motive anderer Menschen. Sie inspirieren und stecken andere mit ihrem Enthusiasmus an.

*Enthusiasten* mögen es, im Zentrum der Aufmerksamkeit zu sein. Sie sind flexibel und vermö-

gen es, zu improvisieren. Sie neigen zu idealisti-
schen Ideen. *Enthusiasten* lassen sich einfach ablenken und haben Probleme damit, viele Angelegenheiten zu Ende zu bringen.

## Natürliche Veranlagungen des *Enthusiasten*

- Die Quelle seiner Lebensenergie: seine äußere Welt.
- Informationsaufnahme: Intuition.
- Art und Weise wie Entscheidungen getroffen werden: Herz.
- Lebensstil: spontan.

## Ähnliche Persönlichkeitstypen

- *Berater*
- *Idealist*
- *Mentor*

## Statistische Angaben

- *Enthusiasten* stellen ca. 5-8 % der Gesellschaft dar.
- Unter *Enthusiasten* überwiegen Frauen (60 %).
- Das Land, welches dem Profil des *Enthusiasten* entspricht, ist Italien.

## Buchstaben-Code

Der universelle Code des *Enthusiasten* ist in den
Jungschen Persönlichkeitstypologien ENFP.

**Mehr:**

Jarosław Jankowski
*Ihr Persönlichkeitstyp: Enthusiast (ENFP)*

# Der Idealist (INFP)

**Lebensmotto**: *Man kann anders leben.*

Sensibel, loyal und kreativ. Sie möchten im Einklang mit ihren Werten leben. *Idealisten* interessieren sich für die spirituelle Wirklichkeit und gehen den Geheimnissen des Lebens nach. Sie nehmen sich die Probleme der Welt zu Herzen und stehen Bedürfnissen anderer Menschen offen gegenüber. *Idealisten* schätzen Harmonie und Ausgeglichenheit.

Sie sind romantisch und dazu fähig, ihre Liebe zu anderen zu äußern, wobei sie selbst auch Wärme und Zärtlichkeit brauchen. Sie vermögen es, Motive und Gefühle anderer Menschen hervorragend zu erkennen. *Idealisten* bauen gesunde, tiefgründige und dauerhafte Beziehungen auf. In Konfliktsituationen verlieren sie den Boden unter den Füßen. Sie können Kritik und Stress nicht vertragen.

## Natürliche Veranlagungen des *Idealisten*

- Die Quelle seiner Lebensenergie: seine innere Welt.
- Informationsaufnahme: Intuition.
- Art und Weise wie Entscheidungen getroffen werden: Herz.
- Lebensstil: spontan.

## Ähnliche Persönlichkeitstypen

- *Mentor*
- *Enthusiast*
- *Berater*

## Statistische Angaben

- *Idealisten* stellen ca. 1-4 % der Gesellschaft dar.
- Unter *Idealisten* überwiegen Frauen (60 %).
- Das Land, welches dem Profil des *Idealisten* entspricht, ist Thailand.

## Buchstaben-Code

Der universelle Code des *Idealisten* ist in den Jungschen Persönlichkeitstypologien INFP.

## Mehr:

Jarosław Jankowski
*Ihr Persönlichkeitstyp: Idealist (INFP)*

# Der Inspektor (ISTJ)

**Lebensmotto**: *Die Pflicht geht vor.*

Menschen, auf die man sich immer verlassen kann. Wohlerzogen, pünktlich, zuverlässig, gewissenhaft, verantwortungsbewusst – die Zuverlässigkeit in Person. Analytisch, methodisch, systematisch und logisch. *Inspektoren* werden als beherrschte, kühle und ernsthafte Menschen angesehen. Sie schätzen Ruhe, Stabilität und Ordnung. *Inspektoren* mögen keine Veränderungen, dafür aber klare und konkrete Regeln.

Sie sind arbeitsam und ausdauernd, weswegen sie Angelegenheiten zu Ende bringen können. Es sind Perfektionisten, die über alles die Kontrolle haben möchten. Sie äußern sparsam Lob und sind nicht imstande, der Wichtigkeit der Gefühle und Emotionen anderer Menschen die gebürtige Beachtung zu schenken.

## Natürliche Veranlagungen des *Inspektors*

- Die Quelle seiner Lebensenergie: seine innere Welt.
- Informationsaufnahme: Sinne.
- Art und Weise wie Entscheidungen getroffen werden: Verstand.
- Lebensstil: organisiert.

## Ähnliche Persönlichkeitstypen

- *Praktiker*
- *Verwalter*
- *Animateur*

## Statistische Angaben

- *Inspektoren* stellen ca. 6-10 % der Gesellschaft dar.
- Unter *Inspektoren* überwiegen Männer (60 %).
- Das Land, welches dem Profil des *Inspektors* entspricht, ist die Schweiz.

## Buchstaben-Code

Der universelle Code des *Inspektors* ist in den Jungschen Persönlichkeitstypologien ISTJ.

## Mehr:

Jarosław Jankowski
*Ihr Persönlichkeitstyp: Inspektor (ISTJ)*

# Der Künstler (ISFP)

### Lebensmotto: *Lasst uns etwas erschaffen!*

Sensibel, kreativ und originell. Sie haben ein Gefühl für Ästhetik und angeborene künstlerische Fähigkeiten. Unabhängig – *Künstler* agieren nach ihrem eigenen Wertesystem und ordnen sich keinerlei Druck von außen unter. Sie sind optimistisch und verfügen über eine positive Lebenseinstellung, weswegen sie jeden Augenblick genießen können.

Sie sind glücklich, wenn sie anderen helfen können. Abstrakte Theorien langweilen sie, denn *Künstler* ziehen es vor, die Realität zu erschaffen und nicht über sie zu sprechen. Es fällt ihnen jedoch weitaus leichter, neue Pläne zu realisieren, als bereits begonnene abzuschließen. Sie haben Schwierigkeiten, ihre eigenen Bedürfnisse und Wünsche zu äußern.

## Natürliche Veranlagungen des *Künstlers*

- Die Quelle seiner Lebensenergie: seine innere Welt.
- Informationsaufnahme: Sinne.
- Art und Weise wie Entscheidungen getroffen werden: Herz.
- Lebensstil: spontan.

## Ähnliche Persönlichkeitstypen

- *Betreuer*
- *Moderator*
- *Anwalt*

## Statistische Angaben

- *Künstler* stellen ca. 6-9 % der Gesellschaft dar.
- Unter *Künstlern* überwiegen Frauen (60 %).
- Das Land, welches dem Profil des *Künstlers* entspricht, ist China.

## Buchstaben-Code

Der universelle Code des *Künstlers* ist in den Jungschen Persönlichkeitstypologien ISFP.

## Mehr:

Jarosław Jankowski
*Ihr Persönlichkeitstyp: Künstler (ISFP)*

# Der Logiker (INTP)

**Lebensmotto**: *Man muss vor allem die Wahrheit über die Welt kennenlernen.*

Originell, einfallsreich und kreativ. *Logiker* mögen es, theoretische Probleme zu lösen. Sie sind analytisch, scharfsinnig und begegnen neuen Ideen mit Begeisterung. *Logiker* vermögen es, einzelne Phänomene zu verbinden und mithilfe von ihnen allgemeine Regeln und Theorien aufzustellen. Sie agieren logisch, präzise und tiefgründig. Unklare

Zusammenhänge und Inkonsequenzen werden von ihnen schnell erkannt.

Sie sind unabhängig und skeptisch gegenüber bereits vorliegenden Lösungen sowie Autoritäten. Zugleich sind sie tolerant und offen für neue Herausforderungen. Versunken in Gedanken verlieren sie ab und an den Kontakt zur Außenwelt.

## Natürliche Veranlagungen des *Logikers*

- Die Quelle seiner Lebensenergie: seine innere Welt.
- Informationsaufnahme: Intuition.
- Art und Weise wie Entscheidungen getroffen werden: Verstand.
- Lebensstil: spontan.

## Ähnliche Persönlichkeitstypen

- *Stratege*
- *Reformer*
- *Direktor*

## Statistische Angaben

- *Logiker* stellen ca. 2-3 % der Gesellschaft dar.
- Unter *Logikern* überwiegen Männer (80 %).
- Das Land, welches dem Profil des *Logikers* entspricht, ist Indien.

## Buchstaben-Code

Der universelle Code des *Logikers* ist in den Jungschen Persönlichkeitstypologien INTP.

**Mehr:**

Jarosław Jankowski
*Ihr Persönlichkeitstyp: Logiker (INTP)*

# Der Mentor (INFJ)

**Lebensmotto**: *Die Welt könnte besser sein!*

Kreativ, sensibel, auf die Zukunft fixiert. *Mentoren* sehen Möglichkeiten, die andere Menschen nicht erkennen. Es sind Idealisten und Visionäre, die sich darauf konzentrieren, Menschen zu helfen. Pflichtbewusst und verantwortungsbewusst, zugleich auch höflich, fürsorglich und freundschaftlich. Sie versuchen, die Mechanismen der Weltordnung zu verstehen und betrachten Probleme aus einer breiten Perspektive.

Hervorragende Zuhörer und Beobachter. Sie zeichnen sich aus durch Empathie, Intuition und Vertrauen in Menschen. *Mentoren* sind imstande, Gefühle und Emotionen zu lesen, können wiederum aber nur schlecht Kritik annehmen und sich in Konfliktsituationen zurechtfinden. Andere können sie gelegentlich als enigmatisch empfinden.

## Natürliche Veranlagungen des *Mentors*

- Die Quelle seiner Lebensenergie: seine innere Welt.
- Informationsaufnahme: Intuition.
- Art und Weise wie Entscheidungen getroffen werden: Herz.
- Lebensstil: organisiert.

## Ähnliche Persönlichkeitstypen

- *Idealist*
- *Berater*
- *Enthusiast*

## Statistische Angaben

- *Mentoren* stellen ca. 1 % der Gesellschaft dar und sind damit der seltenste Persönlichkeitstyp.
- Unter *Mentoren* überwiegen Frauen (80 %).
- Das Land, welches dem Profil des *Logikers* entspricht, ist Norwegen.

## Buchstaben-Code

Der universelle Code des *Mentors* ist in den Jungschen Persönlichkeitstypologien INFJ.

## Mehr:

Jarosław Jankowski
*Ihr Persönlichkeitstyp: Mentor (INFJ)*

# Der Moderator (ESFP)

**Lebensmotto**: *Heute ist der richtige Zeitpunkt!*

Optimistisch, energisch und offen gegenüber Menschen. *Moderatoren* sind lebenslustig und haben gerne Spaß. Sie sind praktisch, zugleich aber auch flexibel und spontan. Sie mögen Veränderungen und neue Erfahrungen. Einsamkeit, Stagnation und Routine hingegen vertragen sie eher schlecht. *Moderatoren* mögen es, im Zentrum der Aufmerksamkeit zu stehen.

Sie verfügen über ein natürliches Schauspieltalent und über die Gabe, interessant und packend zu berichten. Indem sie sich auf das Hier und Jetzt konzentrieren verlieren sie manchmal langfristige Ziele aus den Augen. Sie neigen dazu, Konsequenzen ihres Handelns nicht richtig einschätzen zu können.

## Natürliche Veranlagungen des *Moderators*

- Die Quelle seiner Lebensenergie: seine äußere Welt.
- Informationsaufnahme: Sinne.
- Art und Weise wie Entscheidungen getroffen werden: Herz.
- Lebensstil: spontan.

## Ähnliche Persönlichkeitstypen

- *Anwalt*
- *Künstler*
- *Betreuer*

## Statistische Angaben

- *Moderatoren* stellen ca. 8-13 % der Gesellschaft dar.
- Unter *Moderatoren* überwiegen Frauen (60 %).
- Das Land, welches dem Profil des *Moderators* entspricht, ist Brasilien.

## Buchstaben-Code

Der universelle Code des *Moderators* ist in den Jungschen Persönlichkeitstypologien ESFP.

## Mehr:

Jarosław Jankowski
*Ihr Persönlichkeitstyp: Moderator (ESFP)*

# Der Praktiker (ISTP)

**Lebensmotto**: *Taten sind wichtiger als Worte.*

Optimistisch, spontan und mit einer positiven Lebenseinstellung. Beherrschte und unabhängige Menschen, die ihren eigenen Überzeugungen treu sind und äußeren Normen und Regeln skeptisch gegenüberstehen. *Praktiker* sind nicht an Theorien oder Überlegungen bzgl. der Zukunft interessiert. Sie ziehen es vor, konkrete und handfeste Probleme zu lösen.

Sie passen sich gut an neue Orte und Situationen an und mögen Herausforderungen und das Risiko. Ferner vermögen sie es, bei Gefahr einen kühlen Kopf zu behalten. Ihre Wortkargheit und extreme Zurückhaltung bei der Äußerung von Meinungen bewirken, dass sie für andere Menschen manchmal unverständlich erscheinen.

## Natürliche Veranlagungen des *Praktikers*

- Die Quelle seiner Lebensenergie: seine innere Welt.
- Informationsaufnahme: Sinne.

- Art und Weise wie Entscheidungen getroffen werden: Verstand.
- Lebensstil: spontan.

## Ähnliche Persönlichkeitstypen

- *Inspektor*
- *Animateur*
- *Verwalter*

## Statistische Angaben

- *Praktiker* stellen ca. 6-9 % der Gesellschaft dar.
- Unter *Praktiker* überwiegen Männer (60 %).
- Das Land, welches dem Profil des *Praktikers* entspricht, ist Singapur.

## Buchstaben-Code

Der universelle Code des *Praktikers* ist in den Jungschen Persönlichkeitstypologien ISTP.

## Mehr:

Jarosław Jankowski
*Ihr Persönlichkeitstyp: Praktiker (ISTP)*

# Der Reformer (ENTP)

**Lebensmotto**: *Und wenn man versuchen würde, es anders zu machen?*

Ideenreich, originell und unabhängig. *Reformer* sind Optimisten. Sie sind energisch und unternehmerisch. Wahrhaftige Tatmenschen, die gerne im

Zentrum des Geschehens sind und „unlösbare Probleme" lösen. Sie sind an der Welt interessiert, risikofreudig und ungeduldig. Visionäre, die offen für neue Ideen sind. Sie mögen neue Erfahrungen und Experimente. Ferner erkennen sie die Verbindungen zwischen einzelnen Ereignissen und sind mit ihren Gedanken in der Zukunft.

Spontan, kommunikativ und selbstsicher. *Reformer* neigen dazu, ihre eigenen Fähigkeiten zu überschätzen. Darüber hinaus haben sie Probleme damit, etwas zu Ende zu bringen.

## Natürliche Veranlagungen des *Reformers*

- Die Quelle seiner Lebensenergie: seine äußere Welt.
- Informationsaufnahme: Intuition.
- Art und Weise wie Entscheidungen getroffen werden: Verstand.
- Lebensstil: spontan.

## Ähnliche Persönlichkeitstypen

- *Direktor*
- *Logiker*
- *Stratege*

## Statistische Angaben

- *Reformer* stellen ca. 3-5 % der Gesellschaft dar.
- Unter *Reformern* überwiegen Männer (70 %).
- Das Land, welches dem Profil des *Reformers* entspricht, ist Israel.

## Buchstaben-Code

Der universelle Code des *Reformers* ist in den Jungschen Persönlichkeitstypologien ENTP.

## Mehr:

Jarosław Jankowski
*Ihr Persönlichkeitstyp: Reformer (ENTP)*

# Der Stratege (INTJ)

**Lebensmotto**: *Das lässt sich perfektionieren!*

Unabhängige, herausragende Individualisten, die über unglaublich viel Energie verfügen. Sie sind kreativ und einfallsreich. Von anderen werden sie als kompetente und selbstsichere Menschen angesehen, wenngleich sie distanziert und enigmatisch wirken. *Strategen* betrachten alle Angelegenheiten aus einer breiten Perspektive. Sie möchten ihre Umwelt perfektionieren und ordnen.

*Strategen* sind gut organisiert, verantwortungsbewusst, kritisch und anspruchsvoll. Es ist schwer, sie aus dem Gleichgewicht zu bringen. Zugleich ist es aber auch nicht einfach, sie völlig zufrieden zu stellen. Ihre Natur erschwert es ihnen, die Gefühle und Emotionen anderer Menschen zu erkennen.

## Natürliche Veranlagungen des *Strategen*

- Die Quelle seiner Lebensenergie: seine innere Welt.
- Informationsaufnahme: Intuition.

- Art und Weise wie Entscheidungen getroffen werden: Verstand.
- Lebensstil: organisiert.

## Ähnliche Persönlichkeitstypen

- *Logiker*
- *Direktor*
- *Reformer*

## Statistische Angaben

- *Strategen* stellen ca. 1-2 % der Gesellschaft dar.
- Unter *Strategen* überwiegen Männer (80 %).
- Das Land, welches dem Profil des *Strategen* entspricht, ist Finnland.

## Buchstaben-Code

Der universelle Code des *Strategen* ist in den Jungschen Persönlichkeitstypologien INTJ.

## Mehr:

Jarosław Jankowski
*Ihr Persönlichkeitstyp: Stratege (INTJ)*

# Der Verwalter (ESTJ)

**Lebensmotto**: *Erledigen wir diese Aufgabe!*

Fleißig, verantwortungsbewusst und überaus loyal. Energisch und entschieden. Sie schätzen Ordnung, Stabilität, Sicherheit und klare Regeln. *Verwalter* sind sachlich und konkret. Sie sind logisch, rational und praktisch. Sie vermögen es, sich eine große Menge detaillierter Informationen anzueignen.

Hervorragende Organisatoren, die Ineffizienz, Verschwendung und Faulheit nicht dulden. Sie sind ihren Überzeugungen treu und aufgeschlossen gegenüber anderen Menschen. Sie legen ihre Meinung entschieden dar und üben offen Kritik aus, weswegen sie manchmal ungewollt andere Menschen verletzen.

## Natürliche Veranlagungen des *Verwalters*

- Die Quelle seiner Lebensenergie: seine äußere Welt.
- Informationsaufnahme: Sinne.
- Art und Weise wie Entscheidungen getroffen werden: Verstand.
- Lebensstil: organisiert.

## Ähnliche Persönlichkeitstypen

- *Animateur*
- *Inspektor*
- *Praktiker*

## Statistische Angaben

- *Verwalter* stellen ca. 10-13 % der Gesellschaft dar.
- Unter *Verwaltern* überwiegen Männer (60 %).
- Das Land, welches dem Profil des *Verwalters* entspricht, sind die USA.

## Buchstaben-Code

Der universelle Code des *Verwalters* ist in den Jungschen Persönlichkeitstypologien ESTJ.

## Mehr:

Jarosław Jankowski
*Ihr Persönlichkeitstyp: Verwalter (ESTJ)*

# Anhang

## Die vier natürlichen Veranlagungen

1. Dominierende Quelle der Lebensenergie

- ÄUSSERE WELT
  Menschen, die ihre Energie aus der
  Umwelt schöpfen, die Aktivitäten und
  Kontakt mit anderen Menschen benö-
  tigen. Sie vertragen längere Einsam-
  keit nur schlecht.

- INNERE WELT
  Menschen, die ihre Energie aus ihrem
  Innern schöpfen, die Ruhe und Einsamkeit brauchen. Sie fühlen sich erschöpft, wenn sie längere Zeit mit anderen Menschen verbringen.

2. Dominierende Art, Informationen aufzunehmen

   o **SINNE**
      Menschen, die auf ihre fünf Sinne vertrauen. Sie glauben an Fakten und Beweise und mögen erprobte Methoden sowie praktische und konkrete Aufgaben. Sie sind Realisten, die sich auf ihre Erfahrung stützen.

   o **INTUITION**
      Menschen, die auf ihren sechsten Sinn vertrauen. Sie lassen sich durch Vorahnungen leiten und mögen innovative Lösungen sowie Probleme theoretischer Natur. Sie zeichnen sich durch eine kreative Herangehensweise sowie die Fähigkeit aus, Dinge vorherzusehen.

3. Dominierende Art, Entscheidungen zu treffen

   o **VERSTAND**
      Menschen, die sich nach ihrer Logik und objektiven Regeln richten. Sie sind kritisch und direkt, wenn sie ihre Meinung äußern.

   o **HERZ**
      Menschen, die sich nach ihren Empfindungen und Werten richten. Sie

streben nach Harmonie und Einverständnis mit anderen.

4. Dominierender Lebensstil

    o ORGANISIERT
    Menschen, die pflichtbewusst und organisiert sind. Sie schätzen Ordnung und mögen es, nach Plan zu handeln.

    o SPONTAN
    Flexible Menschen, die ihre Freiheit schätzen. Sie erfreuen sich des Augenblicks und finden sich gut in neuen Situationen zurecht.

# Geschätzter Anteil der einzelnen Persönlichkeitstypen an der Bevölkerung (in %)

| Persönlichkeitstyp | Anteil |
| --- | --- |
| Animateur (ESTP): | 6 – 10 % |
| Anwalt (ESFJ): | 10 – 13 % |
| Berater (ENFJ): | 3 – 5 % |
| Betreuer (ISFJ): | 8 – 12 % |
| Direktor (ENTJ): | 2 – 5 % |
| Enthusiast (ENFP): | 5 – 8 % |
| Idealist (INFP): | 1 – 4 % |
| Inspektor (ISTJ): | 6 – 10 % |
| Künstler (ISFP): | 6 – 9 % |
| Logiker (INTP): | 2 – 3 % |
| Mentor (INFJ): | ca. 1 % |

| | |
|---|---|
| Moderator (ESFP): | 8 – 13 % |
| Praktiker (ISTP): | 6 – 9 % |
| Reformer (ENTP): | 3 – 5 % |
| Stratege (INTJ): | 1 – 2 % |
| Verwalter (ESTJ): | 10 – 13 % |

# Geschätztes prozentuales Verhältnis von Frauen und Männern je nach Persönlichkeitstyp

| Persönlichkeitstyp | Frauen/Männer |
|---|---|
| Animateur (ESTP): | 40 % / 60 % |
| Anwalt (ESFJ): | 70 % / 30 % |
| Berater (ENFJ): | 80 % / 20 % |
| Betreuer (ISFJ): | 70 % / 30 % |
| Direktor (ENTJ): | 30 % / 70 % |
| Enthusiast (ENFP): | 60 % / 40 % |
| Idealist (INFP): | 60 % / 40 % |
| Inspektor (ISTJ): | 40 % / 60 % |
| Künstler (ISFP): | 60 % / 40 % |
| Logiker (INTP): | 20 % / 80 % |
| Mentor (INFJ): | 80 % / 20 % |
| Moderator (ESFP): | 60 % / 40 % |
| Praktiker (ISTP): | 40 % / 60 % |
| Reformer (ENTP): | 30 % / 70 % |
| Stratege (INTJ): | 20 % / 80 % |
| Verwalter (ESTJ): | 40 % / 60 % |

# Literaturverzeichnis

- Arraj, J. (1990): *Tracking the Elusive Human, Volume 2: An Advanced Guide to the Typological Worlds of C. G. Jung, W.H. Sheldon, Their Integration, and the Biochemical Typology of the Future.* Midland, OR: Inner Growth Books.

- Arraj, J. / Arraj, T. (1988): *Tracking the Elusive Human, Volume 1: A Practical Guide to C.G. Jung's Psychological Types, W.H. Sheldon's Body and Temperament Types and Their Integration.* Chiloquin, OR: Inner Growth Books.

- Berens, L. V. / Cooper, S. A. / Ernst, L. K. / Martin, C. R. / Myers, S. / Nardi, D. / Pearman, R. R./Segal, M./Smith, M. A. (2002): *Quick Guide to the 16 Personality Types in Organizations: Understanding Personality Differences in the Workplace.* Fountain Valley, CA: Telos Publications.

- Geier, J. G./Downey, D. E. (1989): *Energetics of Personality*: Success Through Quality

Action. Minneapolis, MN: Aristos Publishing House.

- Hunsaker, P. L. / Alessandra, T. (1986): *The Art of Managing People*. New York, NY: Simon and Schuster.

- Jung, C. G. (1995): *Psychologische Typen*. Ostfildern: Patmos Verlag.

- Kise, J. A. G. / Krebs Hirsh, S. / Stark, D. (2005): *LifeKeys: Discover Who You Are*. Bloomington, MN: Bethany House.

- Kroeger, O. / Thuesen, J. M. (1988): *Type Talk or How to Determine Your Personality Type and Change Your Life*. New York, NY: Delacorte Press.

- Lawrence, G. D. (1997): *Looking at Type and Learning Styles*. Gainesville, FL: Center for Applications of Psychological Type.

- Lawrence, G. D. (1993): *People Types and Tiger Stripes*. Gainesville, FL: Center for Applications of Psychological Type.

- Maddi, S. R. (2001): *Personality Theories: A Comparative Analysis*. Long Grove, IL: Waveland Press.

- Martin, C. R. (2001): *Looking at Type: The Fundamentals Using Psychological Type To Understand and Appreciate Ourselves and Others*. Gainesville, FL: Center for Applications of Psychological Type.

- Meier, C. A. (1986): *Persönlichkeit: Der Individuationsprozess im Lichte der Typologie C. G. Jungs*. Einsiedeln: Daimon.

- Pearman, R. R. / Albritton, S. C. (2010): *I'm Not Crazy, I'm Just Not You: The Real Meaning of the Sixteen Personality Types.* Boston, MA: Nicholas Brealey Publishing.

- Segal,M. (2001): *Creativity and Personality Type: Tools for Understanding and Inspiring the Many Voices of Creativity.* Fountain Valley, CA: Telos Publications.

- Sharp, D. (1987): *Personality Type: Jung's Model of Typology.* Toronto: Inner City Books.

- Spoto, A. (1995): *Jung's Typology in Perspective.* Asheville, NC: Chiron Publications.

- Tannen, D. (1990): *You Just Don't Understand:* Women and Men in Conversation. New York, NY: William Morrow and Company.

- Thomas, J. C. / Segal, D. L. (2005): *Comprehensive Handbook of Personality and Psychopathology, Personality and Everyday Functioning.* Hoboken, NJ: Wiley.

- Thomson, L. (1998): *Personality Type: An Owner's Manual.* Boston, MA: Shambhala.

- Tieger, P. D./Barron-Tieger, B. (2000): *Just Your Type: Create the Relationship You've Always Wanted Using the Secrets of Personality Type.* New York, NY: Little, Brown and Company.

- Von Franz, M.-L. / Hillman, J. (1971): *Lectures on Jung's Typology.* New York, NY: Continuum International Publishing Group.